PUEBLOS INDÍGENAS DE NORTEAMÉRICA

Pueblos indígenas del SUBÁRTICO

Por Amy Hayes
Traducido por Esther Sarfatti

Gareth Stevens
PUBLISHING

Please visit our website, www.garethstevens.com. For a free color catalog of all our high-quality books, call toll free 1-800-542-2595 or fax 1-877-542-2596.

Cataloging-in-Publication Data

Names: Hayes, Amy.
Title: Pueblos indígenas Subártico / Amy Hayes, translated by Esther Safratti.
Description: New York : Gareth Stevens Publishing, 2017. | Series: Pueblos indígenas de Norte América | Includes index.
Identifiers: ISBN 9781482452747 (pbk.) | ISBN 9781482452761 (library bound) | ISBN 9781482452754 (6 pack)
Subjects: LCSH: Indians of North America–Canada, Northern –Juvenile literature. | Indians of North America–Alaska–Juvenile literature.
Classification: LCC E78.C2 H39 2017 | DDC 971.9'01–dc23

First Edition

Published in 2017 by
Gareth Stevens Publishing
111 East 14th Street, Suite 349
New York, NY 10003

Translator: Esther Sarfatti
Designer: Samantha DeMartin
Editor: Kristen Nelson

Photo credits: Series Art AlexTanya/Shutterstock.com; cover, p. 1 Hulton Archive/Hulton Archive/Getty Images; p. 5 (main) Bjoern Alberts/Shutterstock.com; p. 5 (map) AlexCovarrubias/Wikimedia Commons; p. 7 Grigorly Pil/Shutterstock.com; pp. 9, 19 UniversalImagesGroup/Universal Images Group/Getty Images; p. 11 courtesy of the Library of Congress; p. 13 Underwood Archives/Archive Photos/Getty Images; p. 15 Print Collector/Hulton Archive/Getty Images; p. 17 Doug Wilson/The LIFE Images Collection/Getty Images; p. 21 (main) John Greim/LightRocket/Getty Images; p. 21 (inset) Sergey Krasnoshchokov/Shutterstock.com; p. 23 David Prichard/First Light/Getty Images; p. 25 Stock Montage/Archive Photos/Getty Images; p. 27 Raymond K. Gehman/National Geographic/Getty Images; p. 29 (paper) caesart/Shutterstock.com; p. 29 (background) photosoft/Shutterstock.com.

Printed in the United States of America

CPSIA compliance information: Batch #CS16GS: For further information contact Gareth Stevens, New York, New York at 1-800-542-2595.

CONTENIDO

Las palabras del glosario se muestran en **negrita** la primera vez que aparecen en el texto.

¿Quiénes eran los pobladores del SUBÁRTICO?

Seguramente habrás oído hablar de los inuits, que vivían en la **región** fría del Ártico, y de los algonquinos, que vivían cerca de los Grandes Lagos. Pero muchos otros pueblos indígenas también vivían en la parte central de Canadá, y en grandes extensiones de **tierras vírgenes,** en lo que hoy es Alaska. Esta región se llama el Subártico.

Los pueblos indígenas del Subártico se mudaban de un lugar a otro y **desarrollaban** sus propias **culturas**, aunque también compartían tradiciones y modos de vida.

La región subártica cubre gran parte de lo que actualmente es el estado de Alaska y varias **provincias** de Canadá.

¿Quieres saber más?

Los pueblos indígenas de Canadá se conocen como las Primeras Naciones.

El frío del NORTE

Debido al **clima**, el Subártico nunca ha estado muy poblado. La temperatura es de las más frías del mundo y los inviernos son muy largos. En verano, la luz del día dura casi 24 horas, mientras que en invierno la oscuridad lo envuelve todo.

Esta tierra se conoce como taiga, un **bioma** que está cubierto de bosques. A pesar de estar rodeados de nieve y de espesos bosques, los indígenas de Alaska y de las Primeras Naciones de Canadá se adaptaron a las inclemencias del tiempo y construyeron sus hogares en esta región.

La taiga es enorme: abarca la mayor parte de Canadá y Alaska. Mucha gente ya vivía en esta región antes de la llegada de los europeos.

Cazar para COMER

Los fríos inviernos, la falta de luz solar y los veranos tan cortos hacían imposible el cultivo para la gente del Subártico. Los grupos indígenas de la región, como los dane-zaas, los ojibwas y los crees, eran **nómadas**. Se trasladaban de un lugar a otro en busca de comida.

Estos grupos del norte se convirtieron en excelentes cazadores. Se alimentaban de bueyes almizcleros, ciervos, aves acuáticas e incluso alces. Los lagos y océanos también les servían de fuente de alimentos. La pesca en hielo era una forma habitual de conseguir comida.

¿Quieres saber más?

Además de cazar y pescar, los pueblos indígenas de las Primeras Naciones y de Alaska también recolectaban bayas, dientes de león, musgo y otras plantas. Además, preparaban algo llamado *pemmican*, que se hacía con bayas, carne y grasa. ¡Este alimento se conservaba durante años!

¡Los alces miden más de cinco pies (1.5 m) de alto a la cruz y pueden pesar hasta 1,100 libras (499 kg)! ¿Te imaginas intentar cazar un alce para tu comida?

En busca de la MANADA

Los pueblos del Subártico viajaban a los lugares donde había comida, lo cual variaba durante el año. Iban en busca de diferentes animales según las estaciones. Por ejemplo, en otoño cazaban patos y ocas en los lagos y las bahías. A principios de invierno se iban tierra adentro para cazar caribúes, miembros de la familia de los ciervos.

Los grupos se trasladaban según el lugar donde vivían y qué tipo de comida buscaban. Los deg xinags, por ejemplo, que vivían en lo que es hoy Alaska, se quedaban cerca de los lagos en primavera para pescar.

¿Quieres saber más?

El pueblo deg xinag también construía aldeas **permanentes**.

En verano, los grupos de ojibwas se congregaban en lugares donde había abundante pesca.

¿Cómo viajaban los OJIBWAS?

Para salir de caza, los indígenas debían viajar con poca carga, ya que caminar sobre un montón de nieve era una tarea difícil. Por eso, los pueblos del Subártico, como los ojibwas, usaban unos zapatos en forma de raquetas de nieve que les permitían caminar por la espesa nieve sin hundirse. También usaban *nobugidabans*, que eran largos trineos de madera.

Muchos grupos fabricaban canoas para viajar, pero los ojibwas eran especialmente conocidos por su destreza en construir canoas con corteza de abedul, que normalmente cortaban de un solo árbol.

¿Quieres saber más?

Las canoas de los ojibwas podían llegar a medir 36 pies (11 m) de largo y llevar 6,000 libras (2,722 kg) de peso, aunque eran bastante ligeras. Solo hacían falta cuatro hombres para cargar una canoa vacía.

Hoy en día, los ojibwas siguen haciendo canoas de abedul. Además de ser útiles, son verdaderas obras de arte.

Las unidades de caza de LOS DENE SULINÉS

La mayoría de los pueblos del Subártico vivían y viajaban solo con su familia. A veces se juntaban con otras familias para formar grupos de 20 a 30 personas. Los dene sulinés, que vivían en lo que hoy está al norte de Saskatchewan, llamaban a estos grupos unidades de caza. También se conocen con el nombre de bandas.

Cuando querían cazar animales más grandes, como alces o ciervos grandes, varias unidades de caza trabajan juntas. Los dene sulinés solían tener como jefe a un *asegolia* o **curandero**. Pero para las cacerías, elegían a un jefe que tuviera experiencia y amplios conocimientos de caza.

Los pueblos indígenas del Subártico dependían de sus familias y de las bandas. Pensaban que todos tenían que trabajar para beneficio del grupo.

De caza con los GWICH'INS

Los gwich'ins o kutchins eran un grupo indígena del Subártico que vivía cerca de los ríos Yukón y Peel en Alaska y en el Territorio del Yukón. Los gwich'ins eran expertos cazadores.

Usaban arcos, flechas y palos largos afilados, llamados lanzas, para cazar animales grandes. Hacían los arcos de madera de abedul y sauce. En primavera y verano, perseguían a los caribúes hasta hacerlos entrar en el agua de los lagos y ríos cercanos. Resultaba más fácil a los cazadores atrapar a los animales dentro del agua. Los gwich'ins también usaban lanzas y redes para pescar.

Actualmente viven unos 6,000 gwich'ins en los territorios del noroeste, en el territorio de Yukón y en Alaska.

¿Quieres saber más?

Otra forma que tenían los gwich'ins de atrapar animales era construyendo trampas. Cavaban un hueco en la tierra y lo tapaban con hojas y hierba. El animal caía dentro y no podía escapar.

Wigwams y TIPIS

La mayoría de los pueblos indígenas del Subártico viajaban de un lugar a otro, pero a veces se quedaban a vivir en el mismo sitio dependiendo de la estación del año.

Los crees solucionaban este problema construyendo dos tipos de casas. Cuando tenían que ir de un lugar a otro, vivían en tipis hechos de pieles de bisonte. Los tipis eran fáciles de transportar por las llanuras, sobre todo cuando disponían de perros para llevar la carga. Por otra parte, cuando se quedaban a vivir en el bosque durante cierta época del año, los crees construían *wigwams*.

¿Quieres saber más?

Los *wigwams* eran viviendas en forma de **cúpula** que se hacían con madera de árboles jóvenes y se cubrían con corteza de abedul u otros materiales. Eran resistentes al clima severo y eran bastante grandes.

Para los crees, sus hogares podían estar en varias partes.

¿Cómo se mantenían abrigados los ATABASCANOS?

La ropa de abrigo era muy importante para sobrevivir en la taiga. Los atabascanos, un grupo muy diverso de pueblos que hablaban lenguas similares, fabricaban lindas prendas de vestir con pieles de animales. Para abrigarse mejor, dejaban el pelaje del animal en el cuero y, cuando la temperatura bajaba mucho, se lo ponían al revés para protegerse del frío.

Tanto los hombres como las mujeres usaban pantalones, zapatos blandos llamados mocasines, abrigos largos y capuchas de piel. Para hacer la ropa, usaban normalmente pieles de caribúes.

Los pesados abrigos y zapatos mantenían secos y abrigados a los atabascanos, pero también usaban ropa interior más ligera, que hacían con piel de liebre americana.

caribú

¿Quieres saber más?

Los que hablaban lenguas atabascanas formaban parte de un gran grupo de pueblos del Subártico que también se conocían como denes, que significa "gente".

De pesca con los DOGRIBS

Uno de los grupos que formaba parte de los denes eran los dogribs. La palabra "dogrib" es una versión en inglés corta del nombre de este pueblo, Tlicho Doné, que significa "gente de costilla de perro". El nombre viene de un cuento acerca de un héroe que una vez había sido un perro.

Los dogribs vivían en los territorios del noroeste de Canadá, entre dos lagos. Ya que vivían cerca de estos lagos y otras vías navegables, la pesca jugaba un papel muy importante en la vida de los dogribs. Usaban redes y anzuelos, e incluso hacían cañas de pescar.

Los territorios del noroeste, donde vivían los dogribs, eran de las regiones de Canadá que están más al norte. Hoy en día, mucha gente de este grupo indígena todavía vive allí.

Una nación de CASTORES

Los dane-zaas o tsattines eran un grupo de gente atabascana cuyo nombre significa "los que viven entre los castores". También conocidos como los beavers, los dane-zaas vivían originalmente en Alberta y Saskatchewan. Con el tiempo, se mudaron hacia las Montañas Rocosas en busca de alimento y para evitar peleas con los crees.

Cuando los jóvenes beavers llegaban a la adolescencia, hacían viajes llamados búsquedas de visión. Durante estos viajes, apenas comían ni dormían. Pero las pocas veces que dormían, soñaban que un espíritu animal se les aparecía.

Los beavers creían en espíritus guardianes que los protegían.

Los SLAVEYS

Los slaveys, también conocidos como los acha'otinnes, vivían en la parte más al norte de Alberta. Como muchos de los pueblos del Subártico, vivían en grupos familiares y se movían de un lugar a otro. Los hombres de la familia cazaban, mientras que las mujeres cuidaban de la casa, atrapaban animales pequeños, recolectaban bayas y hacían la ropa.

Un pueblo usualmente pacífico, los slaveys eran conocidos por ser excelentes cuentacuentos. Los pueblos cercanos también los consideraban poderosos **hechiceros** que sabían hacer magia.

Igual que otros pueblos del Subártico, el modo de vida de los slaveys se vio gravemente afectado con la llegada de los europeos. No obstante, aún sobreviven muchas de sus tradiciones en partes de Canadá y Alaska.

¿Quieres saber más?

Los chamanes eran los líderes espirituales y curanderos de los slaveys. Utilizaban raíces, partes de animales y plantas para hacer sus curas mágicas.

Del comercio de pieles a la ACTUALIDAD

A principios del siglo XVI, el comercio de pieles con los europeos cambió la forma de vida de los grupos indígenas del Subártico. Muchos de ellos quisieron dedicarse más a este comercio. No obstante, la colonización europea también hizo daño a los pueblos indígenas. Un gran número de personas fallecieron a causa de las enfermedades que trajeron los europeos.

Durante muchos años, los pueblos indígenas del Subártico fueron tratados de forma injusta. Después, en 1999, el gobierno canadiense creó Nunavut, una región para que los pueblos indígenas pudieran vivir y mantener sus culturas. Sus dirigentes son gentes de las Primeras Naciones.

Los grupos indígenas del Subártico compartían muchas costumbres que les permitían sobrevivir en el intenso frío de esta región.

GUÍA DE SUPERVIVENCIA EN

EL SUBÁRTICO

CAZAR caribú, alce y buey almizclero

VIAJAR en canoa

HACER zapatos de nieve en forma de raquetas

PESCAR en las muchas vías navegables

HACER ropa de pieles de animales

CONSTRUIR *wigwams* y tipis

TRASLADARSE según las estaciones

TRABAJAR en equipo

GLOSARIO

bioma: una comunidad natural de plantas y animales, como, por ejemplo, un bosque o un desierto.

clima: las condiciones medias del tiempo en un lugar durante un período de tiempo.

cultura: las creencias y modo de vida de un pueblo.

cúpula: que tiene forma arqueada y redondeada.

curandero: una persona que ejerce prácticas curativas.

desarrollar: crecer y cambiar.

hechicero: alguien que practica magia.

nómada: alguien que se traslada de un lugar a otro.

permanente: algo que dura mucho tiempo.

provincia: una zona de un país.

región: territorio con ciertas características que lo diferencian de otros territorios cercanos.

tierra virgen: una tierra que no está ocupada y donde la naturaleza es salvaje.

Para más INFORMACIÓN

Libros

Doak, Robin S. *Subarctic Peoples.* Chicago, IL: Heinemann Library, 2012.

Kuiper, Kathleen. *Indigenous Peoples of the Arctic, Subarctic, and Northwest Coast.* Nueva York, NY: Rosen Educational Services, LLC, 2012.

Sitios de Internet

National Museum of the American Indian

nmai.si.edu/

Descubre las exposiciones del museo a través de su sitio web.

Sub-Arctic Indians

warpaths2peacepipes.com/native-american-indians/sub-arctic-indians.htm

Aprende más acerca de la cultura del Subártico aquí.

Subarctic People

firstpeoplesofcanada.com/fp_groups/fp_subarctic1.html

Lee más acerca de las Primeras Naciones del Subártico de Canadá.

Nota del editor a los educadores y padres: nuestro personal especializado ha revisado cuidadosamente estos sitios web para asegurarse de que son apropiados para los estudiantes. Muchos sitios web cambian con frecuencia, por lo que no podemos garantizar que posteriores contenidos que se suban a esas páginas cumplan con nuestros estándares de calidad y valor educativo. Tengan presente que se debe supervisar cuidadosamente a los estudiantes siempre que tengan acceso al Internet.

ÍNDICE